Les Baisers Morts

par

PAUL VÉROLA

Frontispice de Félicien Rops

MDCCCXCIII

LES BAISERS MORTS

Il a été tiré de cet ouvrage : 262 exemplaires numérotés, dont 12 sur grand Japon et 250 sur simili-hollande.

SERVICE DE PRESSE

PAUL VÉROLA

Les Baisers Morts

FRONTISPICE DE FÉLICIEN ROPS

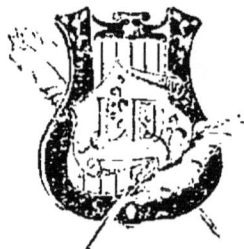

PARIS

BIBLIOTHÈQUE

Artistique et Littéraire

—

1893

Ⓒ

ŒUVRES DU MÊME AUTEUR :

Les Accouplements, roman.
Exempté, roman.
Les Orages, vers.
L'Infamant, roman.

A ALBERT TOURNAIRE

IL est certain, mon cher ami, que l'harmonie des Sonnets accouplés est une harmonie un peu compliquée, un peu vague : le lointain écho des rimes risque fort, à la première lecture, d'être trop discret et de s'effacer sans impressionner des tympans habitués au martellement des rimes et non à leur simple frôlement. — Il se peut donc que l'ouïe se trouve tout d'abord frustrée et désorientée.

Mais est-ce une défaite assez sérieuse pour condamner ces rimes errantes qui se distancent, se pourchassent, insoucieuses de savoir si l'oreille pourra les suivre ? N'y a-t-il pas là tout simplement une éducation à compléter, un entraînement à établir ? Les cris qui ont accueilli le disloquement du vieil alexandrin n'ont-ils pas prouvé que notre ouïe, en littérature comme en musique, prend souvent ses préjugés pour des lois absolues, qu'elle a ses routines, ses paresses, et que nos protestations, dès qu'on nous demande un effort, ne sont le plus souvent que la révolte d'un sens aveuli ?

C'est ainsi que la recherche de la rime riche a été un véritable acte de courtisanerie car elle a favorisé l'indolence et l'inaction de l'oreille ; et les courtisans inconscients, les poëtes, se sont laissé prendre eux-mêmes à l'attrait de ces sonorités flatteuses aussi stupéfiantes, en réalité, que l'opium ou la morphine et, autant qu'eux, envahissantes.

La rime riche, fatalement limitée, c'est le sentier bordé de haies que la pensée peut suivre sans crainte, de s'égarer ; l'effort de la recherche est par elle considérablement diminué et chez certains, même, réduit à un travail de bouts-rimés. De là, moins d'angoisse dans la gestation, moins d'imprévu dans l'élan, avec l'illusion d'une œuvre mieux finie. Poëte et lecteur chevauchent ensemble un petit dada

bien dressé sur lequel il est aisé de faire bonne
figure. C'est à coup sûr attrayant comme est
attrayante toute paresse. Mais l'art doit-il en-
dormir les sens auxquels il s'adresse ou ne doit-
il pas les surexciter plutôt, augmenter leur
acuité ? L'art ne doit-il pas être un excitant
plutôt qu'un stupéfiant ?

Une réaction s'est déjà produite, imman-
quablement exagérée comme toute réaction.
Fatigués de louvoyer sans trêve le long des
mêmes rimes, certains poëtes rêvent d'abolir ces
rimes, de jeter compas et boussoles et de se
perdre vers l'horizon illimité. Ne pensez-vous
pas, mon cher Tournaire, que cela équivaille à
se laisser mourir de faim parce qu'on a failli
mourir d'une indigestion ?

Evidemment la recherche du nouveau est
la suprême inspiratrice. Mais on se déchire mal-
heureusement ici à un autre écueil : *C'est la
théorie qui doit découler de l'œuvre et non pas
l'œuvre qui doit être fécondée par la théorie.*
L'avortement relatif des nouvelles tendances
artistiques, ou, tout au moins, la lenteur un peu
inquiétante de leur éclosion, peut être attribué
en majeure partie à la méconnaissance de ce
principe qui me paraît être absolu. Les nou-

velles formules doivent naître d'un besoin, d'un
sentiment instinctif, d'un hasard, si l'on veut ;
certaines pensées doivent jaillir brusquement
vêtues d'un costume qui nous étonnera nous-
mêmes, d'un costume non-vu encore, qu'on lacè-
rera s'il ne répond pas à notre goût, mais que
l'on offrira à ses autres pensées si ses teintes et
sa coupe semblent harmonieuses.

Tout cerveau est une ville où, comme les
femmes, les pensées ont leur mode, aussi tyran-
nique et non moins regrettable parfois. Nous
affublons brunes et blondes des mêmes couleurs,
sacrifiant la brune à la blonde, ou la blonde à
la brune, selon le goût du moment. L'inégalité
des œuvres d'un même artiste a peut-être là sa
principale source.

Voilà comment, un beau jour, deux sonnets
se sont fondus dans mon crâne où dès lors,
pendant un certain temps, les sonnets accouplés
ont fait loi. Toutes mes pensées ont eu vingt-
huit vers et, par une étrange coïncidence, les
deux seules pensées qui aient été rebelles à
cette mode se sont affublées en ballades : vingt-
huit vers, encore ! Les sonnets accouplés ont
accoutumé mon oreille aux rimes lointaines et
lorsque la mode des vingt-huit vers fut morte,

je n'en continuai pas moins à me sentir lassé des rimes ayant la sonorité périodique de coups de marteau. Mais sitôt que je fis mes quatre premiers vers sans rimes, je vis alors à quel point cette rime, qui fait notre orgueil comme une difficulté vaincue, est une aide puissante au contraire, et combien elle engendre la pensée plus souvent que la pensée ne l'engendre. Seulement, est-ce atavisme, est-ce réellement intuition d'art, au bout de quatre vers la nostalgie de la rime m'a ressaisi et le quatrain qui suivit répercuta les chutes du quatrain précédent. Toutefois les rimes n'arrivaient plus que pareilles à un souvenir un peu brumeux auquel je trouvai un certain charme.

Peut-être donc l'antique assonnance ou l'éloignement des rimes ou, peut-être même, des rimes intercalées dans le corps du vers permettront-ils de ne point tourner des regards langoureux du côté des vers blancs qui ne paraissent pas en harmonie avec la trop grande précision de notre langue poëtique. Mais que ceux-là fassent des vers sans rimes qui les conçoivent sans rimes, car, en définitive, l'artiste ne doit chercher que sa propre satisfaction.

En tous cas, renonçant aux théories précon-

çues, laissons, autant que possible, nos pensées:
se vêtir en pleine liberté : ayons dans notre
vestiaire de quoi les satisfaire toutes, depuis le
péplum et la toge jusqu'au maillot bariolé des.
décadents. Un art limité, un art qui peut s'ap-
prendre n'est plus qu'un métier. Nos œuvres
doivent naître comme nos-enfants, blanches ou
basanées, rieuses ou mélancoliques, au hasard.
de la fécondation. Quiconque étouffera son intuition pour être volontairement parnassien,
classique ou fumiste pourra faire une composi-
tion amusante : il ne fera jamais une œuvre de
poëte. Or tout artiste doitêtre poëte, avoir une
vision agrandie, une prescience de tout, qu'il
plaque des sons, des couleurs ou des mots.

Aussi ai-je tenu, quelle que puisse être la.
valeur de mes vers, à leur laisser toute leur
sincérité.

Un de mes amis, qui est certainement l'un
de nos plus vrais poëtes, m'a reproché la.
brutalité de certaines images. Je suis con-
vaincu que son impression est juste. Mais.
pouvant affirmer que cette brutalité n'a rien de.
voulu, je n'y ai rien changé. Si cette brutalité,
que je ne puis saisir, est blâmable. c'est que
mon tempérament lui-même est blâmable et:

j'aime mieux que l'on me juge tel que je suis, sans masque.

A la suite des sonnets accouplés, j'aurais pu faire défiler une série de pièces à rimes lointaines. J'ai préféré n'en donner qu'une (ce sont des alexandrins : je crois que des vers de huit pieds donneraient à ces rimes une meilleure perspective), pour ne pas mentir à mes principes et éviter de me donner des allures de pion rénovateur. J'ai mieux aimé y faire siéger largement de simples et vieux vers qui prêcheront la tolérance. Du reste les anciens vers sont en réalité les pères des nouveaux : il y aurait de l'impiété à les renier.

Tels qu'ils sont, neveux et ancêtres, acceptez-les, mon cher Tournaire. N'y cherchez pas l'impeccable forme de « *Ceux qui rêvent* » votre beau et large roman ; mais si vous trouvez parmi eux une strophe, quelques vers, dignes d'obtenir droit de cité dans votre opulente mémoire, adoptez-les comme otages immuables de mon immuable affection pour vous.

PAUL VÉROLA.

Juillet 1892.

DEUX BALLADES

POUR SERVIR VÉNÉRABLEMENT DE MARRAINES

AUX

SONNETS ACCOUPLÉS

Devoir d'homme

BALLADE

GLOIRE ne vaut, femmes, que pour vous plaire !
Peuple enflammé, couronnes de laurier,
De nos efforts seraient piteux salaire,
Si ne savions qu'à valeureux guerrier,
A doux poète ou gai ménétrier,
Dès que partout le public les acclame,
Plus tendrement, toujours, vous souriez :
Gloire ne vaut qu'afin de plaire aux femmes !

Qu'importerait vivre au cercle polaire ?
Qu'importerait septembre ou février
Si n'existaient point les rayons solaires ?
Palais de marbre, hutte de chévrier,
Pic orgueilleux ou ténébreux terrier,
Qu'importerait, sans vos regards, mesdames ?
Egaux seraient le prince et l'ouvrier !
Gloire ne vaut qu'afin de plaire aux femmes !

C'est pour atteindre à vos prunelles claires,
C'est pour sentir vos regards nous vriller,
Que dominant nos dégoûts, nos colères,
Tous, faible ou fort, chêne ou génévrier,
Voulons monter, artiste ou meurtrier,
A tout prix, aussi haut que peut notre âme,
Sans pitié laissant les vaincus crier !
Gloire ne vaut qu'afin de plaire aux femmes !

ENVOI

O pauvre Moi ! cœur fou que tout affame !
Qu'il serait doux quitter son étrier !
Ah ! si pouvais briser mon encrier !
Mais gloire il faut, car il faut plaire aux femmes.

DEVOIR DE FEMME

BALLADE

EMMES docteurs au sombre accoutrement
Que le purin de la science arrose,
Mornes bas-bleus, faiseuses de romans,
Dont à vingt ans, le teint se couperose,
Malheur à vous qui parlez d'exarthrose,
Et dédaignez la divine liqueur !
Devoir de rose est de sentir la rose,
Devoir de femme est de troubler les cœurs !

Allons ! aimez ! riez ! chantez gaîment,
Sans savoir bien si chantez vers ou prose,
Et quand voudrez mettre à mal un amant,
Nul ne valant pour lui qu'on se névrose,
Chez l'épicier laissant la couperose,
Ne l'aveuglez qu'avec vos yeux moqueurs !
Devoir de rose est de sentir la rose,
Devoir de femme est de troubler les cœurs !

Sachez rester source d'embrassement !
Point n'est venu le temps où la fleur ose
Etre légume : eh bien, pareillement,
Femme adorée, ô petit bonbon rose,
Sans raisonner, sur nos lèvres moroses,
Laisse-toi fondre et sucre nos rancœurs :
Devoir de rose est de sentir la rose,
Devoir de femme est de troubler les cœurs !

ENVOI

Prince jaloux que mine la chlorose,
Jette ta dague et chantons tous en chœur :
Devoir de rose est de sentir la rose,
Devoir de femme est de troubler les cœurs !

LES BAISERS MORTS

—

Sonnets accouplés

CRÉPUSCULE

Viens ici causer : il le faut !
Sans vouloir nous leurrer de paroles musardes,
Franchement, notre amour ne sonne-t-il pas faux ?
Ne sens-tu pas qu'il se lézarde ?

Oh ! certes ! je sais bien que, malgré sa fissure,
Notre cœur paraît encor sain ;
Qu'il faut la chercher à dessein,
Pour la trouver, l'encore invisible blessure.

Mais n'attendons pas qu'un gerfaut
Sabre au flanc et portant dolman à la hussarde,
Ou quelque fin corset, quelque tendre Sapho,
S'abatte sur notre mansarde.

2

Perscrutons tous les deux, — il le faut, je t'assure ! —
    Froidement, en vrais médecins,
    Tout ce qui vibre sous nos seins :
Sachons, de notre temple, éprouver la voussure.

    Tu peux n'y point tenir, méchante,
    A ce temple où tant d'amour chante :
S'il croule, à jamais, moi, je serai vagabond.

Pour dresser ce palais, mes lèvres en détresse
Ont dépensé jusqu'à la dernière caresse
    Que mon cœur a pu leur prêter.

    Toi tu gardes, froide Minerve,
    Assez de baisers en réserve
Pour t'ériger quelque autre amour brûlant et bon ;

Mais moi, je n'ai que toi, toi, toi seule, te dis-je ;
Loin de toi c'est l'hiver desséchant toute tige :
    Près de toi, l'éternel été !

LE VIOL

LA terrè tremble et se mutine
Cár l'automne déshabilleur
A glissé sa main libertine
Sous son feuillage gazouilleur.

Tantôt chatte et tantôt lionne,
Elle résiste éperdûment ;
Mais sous les doigts de son amant
Son péplum fauve se haillonne.

Autour de la vierge lutine
La bise siffle un air railleur,
Tandis que l'automne épieur
Dans les déchirures butine.

Et le virginal vêtement,
Loqueteux, craque, tourbillonne,
S'émiette en un envolement
Sous lequel, nu, le corps rayonne.

Devant la vision confuse
De cette chair qui se refuse,
L'automne se fait plus brutal ;

Et le pampre rouge ensanglante
La toison fauve et pantelante
Où râle une virginité !...

Sentant que son sort est fatal,
Honteuse d'être dévêtue,
La Terre s'étend triste et nue,

Et sur son beau corps irrité
Qu'une révolte sourde mine,
L'hiver chaste étend son hermine.

L'Absente

Je le sais, tu dis que tu m'aimes,
Tu m'embrasses, tu m'étreins même
Ainsi qu'aux meilleurs de nos jours ;

Tour à tour froides ou brûlantes,
Tour à tour avides ou lentes,
Tes lèvres s'affolent toujours.

J'ai, comme à nos jours les meilleurs,
Mes bras bleuis par tes morsures ;
Un souci, pourtant, me torture :
Ta pensée est toujours ailleurs.

Oh ! je sens bien que je t'effare ;
Tu ne peux saisir mon émoi :
C'est que je suis un fol avare ;
Je te veux toute entière à moi.

Mais hélas ! mon œil épieur,
Quand de baisers tu me satures,
Voit dans ton œil les abattures
De souvenirs doux et railleurs.

Et j'ai l'impression bizarre,
Quand tu palpites sous mes doigts,
D'entendre éclater la fanfare
D'un rival vivant sous mon toit.

En vain mes lèvres, follement,
Pour jouer leur hymne d'amant
Font vibrer tes seins et ta joue :

Mon hymne à moi s'évanouit,
Et, sur ton corps épanoui,
C'est l'air d'un autre que je joue !

LA SENSITIVE

MAIS, je t'en prie, encor un effort pour m'aimer !
L'amour passé ne peut pas être une hérésie :
Tu verras, je saurai, domptant la frénésie

De mon corps trop brûlant et toujours affamé,
T'aimer sans grincements et sans brutaux délires,
Te chérir tendrement, comme tu le désires.

Pour toi, j'inventerai des caresses immenses
Qui feront échouer ton être en un pays
Où s'efface la chair, où notre âme commence,
Où les désirs sont tous des maîtres obéis.

Mes baisers, plus berceurs qu'une lente harmonie,
Se joueront sur ton corps en nuages légers,
Rythmant le vol subtil des rêves passagers
Qui fleurissent tes yeux de langueurs infinies.

Ne crains plus le retour des anciennes démences :
J'imposerai silence à mes sens éblouis
Et saurai mériter ta divine clémence
En n'éveillant jamais ton corps évanoui.

Renonçant pour toujours à l'étreinte honnie,
De la terre à ton cœur prends-moi pour messager,
Et nous vivrons tous deux une calme agonie
Loin des besoins charnels et des mots mensongers.

Bien plus silencieux qu'un blanc flocon qui passe,
Plus riant que l'azur, moins gênant que l'espace,
Je t'envelopperai, sans jamais t'envahir ;

Mes sentiments, domptés, te feront un cortège...
    ...Et pourtant, que ne donnerais-je
    Pour t'entendre une fois rugir.

ÉVOCATION

EXISTE-T-ELLE encor, cette île
Où le baiser, toujours vainqueur,
S'épanouit dans chaque cœur,

Où la moindre brise distille
Des arômes ensorceleurs
Sur les lèvres toujours en fleurs ?

Où, dans la nuit pleine d'aveux,
La lune orgueilleuse démêle
L'or et l'argent de ses cheveux
Sur le flot gris qu'elle constelle ?

L'île où la fleur même a des lèvres,
La pierre, des pulsations,
Où l'Océan, pendant ses fièvres,
Rugit toutes nos passions ?

Où vers l'amour montent tous vœux ;
Où la rose, au papillon frêle
Tendant son front vierge et séveux
Lui murmure : arrête ton aile !

Cette île où l'âme la plus mièvre
A d'immenses éruptions,
Où la chair jamais ne se sèvre,
Où tout n'est que vibrations ?

Elle exista : nous y vécumes
Inondés d'azur et d'écume,
Enlacés à briser nos corps !

Oh ! retournons-y, car peut-être
Ce qu'on croit mort peut y renaître,
Et tu pourrais m'aimer encor.

Les Rivaux

NON ! dis-moi qu'il n'est pas possible
Que notre cœur soit une cible
Où tout baiser fait un trou noir !

Oh ! dis-moi que la lèvre lasse
Peut toujours, à la même place,
Venir s'ébattre chaque soir !

Dis-moi que le baiser vibrant
Qui fait palpiter notre bouche,
Ne peut s'enfuir, indifférent
Comme un pied jetant sa babouche !

Dis-moi que l'amour est en nous,
Dis-moi que l'amour, c'est nous-mêmes ;
Oh ! je t'en supplie à genoux,
Dis-moi que c'est bien toi qui m'aimes,

Que notre amour n'est pas errant
Ainsi que les doigts sur la touche,
Et qu'il n'est pas le chant mourant
De l'air vagabond qui nous touche !

O firmament étoilé d'où
Mon cœur tire tout ce qu'il sème
Loin de qui les chants les plus doux
M'ont l'air d'un grinçant anathème,

Affirme-moi, répète-moi
Qu'auprès de moi seul un émoi
Peut faire tressaillir tes fibres,

Qu'air et parfums sont impuissants
A faire bouillonner ton sang ;
Dis-moi que par moi seul tu vibres.

SCEPTICISME

LA vie est toute tracée
Et, gondole sans rameur,
L'âme coule, harassée,
Amour, sifflet ou rumeur

A rien ne sert se débattre ;
Le cœur fuit, méchant ou bon :
Toujours noir est le charbon ;
Toujours blanc sera l'albâtre.

L'âme, toute embarrassée.
N'entraîne que ce qui meurt,
Baisers secs, fleur trépassée,
Bois mort et vaine clameur !

Elle va, troupeau sans pâtre
Et sans but, à l'abandon,
Broutant violette ou chardon,
Yeux bleus ou dégoût saumâtre.

Dans le cœur rien ne peut naître,
Et tout ce qui y pénètre.
Y pénètre pour mourir,

De l'Univers, sanctuaire,
Il n'est que l'obituaire
Changeant printemps en hivers ;

Il est l'écrasante pierre
Sous laquelle la paupière
Close ne peut plus fleurir ;

Larmes, cris, chants de victoire,
Il est le four crématoire
Incinérant l'Univers !

HYSTÉRIE

J'AI faim de chair, j'ai soif de sang
Et mon œil aux reflets de cierges
Ne peut plus contempler des vierges

Sans voir, en un tableau grisant,
Leur chair torturée et brûlante
Se tordre sous ma main sanglante !

Un gouffre monstrueux m'attire
Et je voudrais, comme un satyre,
Mordre ces chairs, les déchirer,
Et dans leurs râles me vautrer !

Dédaignant tous les œdicules
Où l'on prête les faux serments
Qui font les maris ridicules
Et poétiques les amants,

Lorsque le soleil se retire
Et paresseusement étire
Ses longs tentacules pourprés,
Je voudrais alors, je voudrais,

Dans une vierge qui recule
Plongeant mes membres frémissants,
Verser en rouge crépuscule
La pourpre tiède de son sang.

Et sur ses lèvres pantelantes
Je mettrais des caresses lentes
Comme pour la ressusciter ;

Enfin, la voyant haleter,
Au moment du râle suprême
Je lui murmurerais : je t'aime !

AUTRE HYSTÉRIE

ROULEZ sans fin, roulez sans trêve.
Flot tumultueux de mes rêves,
Mer stridente de mes sanglots !

Fleuve lugubre, enfin déclos,
Vers celle que j'aime charrie
Tes perles et tes pierreries !

Porte les rubis de mon sang,
Porte le cristal de mes larmes
Autour de son corps languissant,
Afin d'en accroître les charmes !

Pour elle, malgré tout bénie,
Je veux, dans un suprême élan,
Que mes larmes soient harmonie
Et ma fièvre un âtre brûlant !

3

Je voudrais, fauve rugissant
Devant qui tout fuit et s'alarme,
Etre, holocauste obéissant,
Etranglé par ses mains sans armes,

Heureux si, dans mon agonie,
Je percevais un spasme lent
Qui crispât sa chair infinie
Contre mon corps déjà râlant.

Lui voir éprouver quelque émoi
Sinon pour moi, du moins par moi,
Etre son tapis, sa fourrure,

N'importe, même la parure
Qu'elle ceindra royalement
Pour plaire à son futur amant !

IDÉALISME !

CERTES, je te connais jusque dans tes racines ;
Nul recoin de ton corps ne peut m'être étranger,
Et tes plaines de nacre, et tes vaux ombragés
Ont vibré sous le souffle ardent de mes narines.

Tes ondulations puissantes de panthère
Et le raidissement de tes muscles d'airain
Ont tordu, bien souvent, et fait craquer mes reins,
Quand tes lèvres lançaient des souffles de cratère !

J'ai senti maintes fois une fraîcheur marine
De ta blancheur lunaire à flots se dégager ;
J'ai vu l'aube rougir d'un feu non passager
La neige des sommets altiers de ta poitrine ;

Ton ventre est un été brûlant ; ta hanche claire
A des senteurs d'automne, et ton corps souverain
De chaque heure à la fois me chante le refrain :
Tu m'offres, si je veux, le jour crépusculaire

Qui me rend tout rêveur, ou bien le plein soleil
Qui veut que l'on travaille et met tout en éveil,
Et tu m'offres enfin, après, la nuit brûlante,

La nuit opaque qui dévore et qui délie
Un instant de ce monde et de toute folie,
Et donne un avant-goût des douceurs de la mort !...

Mais l'heure, les saisons, cela n'est pas assez :
Ce qu'il me faut encor, mieux que moi tu le sais,
Ce qu'il me faut surtout, ô glorieuse plante !

Ce que j'aime avant tout en toi, ma bien-aimée,
C'est ta tête, ta tête ou railleuse ou pâmée,
Ta tête, cette fleur sublime de ton corps !...

Le Souvenir

Au parterre en fleur de nos rêves,
Hélas ! que de branches jaunies !
Que d'émotions furent brèves
Que nous supposions infinies !

Le cœur, quel poussiéreux chemin !
Les empreintes n'y restent pas :
Hier s'efface sous demain,
Le pas s'efface sous le pas !

C'est un piétinement sans trêve,
Lèvres unies et désunies,
Et flux et reflux sur la grève,
Ce que j'affirme et que tu nies,

Jeu d'Océans et de gamins !
Tendre amie, oh ! dis-moi tout bas
Si, quand mes mains pressent tes mains,
Ainsi que jadis ton cœur bat.

Où sont-ils les anciens délires
Faits de soupirs, accords de lyres,
Et de rugissements barbares ?

Belles fleurs aux reflets vainqueurs
Dont s'arc-en-ciélisaient nos cœurs,
Hélas ! combien vous êtes loin !

Fleurs d'amour, ô baisers suaves,
Ames brûlantes et fronts hâves,
Rires dont la lèvre se pare,

Riant passé, morne avenir,
Au ratelier du souvenir
Vous n'êtes plus qu'un triste foin.

L'ŒUVRE SUPRÊME

ÉLAS ! mieux que printemps et fleurs,
Mieux que baisers, que vie altière,
Mieux que nos rires, que nos pleurs,
Vaut l'inerte et vaine matière !

Que le printemps jaunisse et meure,
Qu'importe au dur sol qui demeure,
Qu'importe à l'éternité l'heure,
Au granit, le vent qui l'effleure ?

Heure, saison, roi, bateleur
A quoi bon, puisque tout s'altère ?
A quoi bon ivresse ou douleur ?
Mieux vaudrait être un peu de terre !

Ah ! puisque tout trahit et leurre,
Puisque lorsqu'on aime l'on pleure,
Puisque tout baiser se défleure,
Que tout hymen se désaffleure,

Puisque l'aigle qui fend les airs
Ne laisse, dans les bleus déserts,
Aucune trace de son aile,

Puisque ce que le cœur vit naître,
Que ce qui fut peut ne plus être,
Qu'as-tu donc créé, Dieu béant ?

Dans l'abîme encor sans prunelles,
Au lieu de façonner des cœurs
Sous tes doigts cruels et moqueurs,

Dédaignant ce maigre poème,
Que ne t'es-tu détruit toi-même
Pour ne plus troubler le néant ?

REFRAINS D'HIVER

Dans le ciel la fête commence
Et pour quelque banquet troublant
On plume des oiseaux immenses,
On plume des oiseaux tout blancs.

On voit flotter partout dans l'air,
Et se poser sur notre fange
Le duvet fin, le duvet clair
Des cygnes blancs qu'au ciel on mange.

Tout là-haut la fête commence :
La terre est comme un lit troublant
Couvert d'un édredon immense,
Couvert d'un édredon tout blanc.

Mais c'est un baîllon mis à l'air
Pour que les sanglots de la fange
N'aillent pas troubler le ciel clair,
Le ciel clair où l'on mange, on mange !...

Car notre place n'est pas faite,
Là-haut, auprès des Dieux en fête ;
Nos pleurs troubleraient leur banquet :

C'est pourquoi le ciel matelasse
L'air et la terre, afin que, lasse,
Notre plainte meure en hoquet ;

Et le blanc duvet infidèle,
Au lieu de remplumer nos ailes,
Les engluc et nous tient bloqués ;

Il neige, il neige avec détresse,
Et le baîllon blanc nous oppresse
Comme un mortuaire bouquet.

Le Bryon

MAIS en dépit de l'hiver morne,
En moi quelle douce clarté !
Malgré le ciel gris qui nous borne,
Devant nous, quelle immensité !

En toi ne sens-tu pas éclore,
Comme je sens éclore en moi
Toute la capiteuse flore
De tous les printaniers émois ?

Qu'importe les arbres nus qu'orne
La neige ou le givre irrité ?
Qu'importe si le vent nous corne
Que nous sommes loin de l'été ?

Pour moi la neige se colore,
Car le sang qui t'empourpre, toi,
Me paraît serpenter encore,
Tiède, sous tout ce que je vois.

Il n'est pour moi rien de morose ;
Le givre même sent la rose,
Le bois mort sent le mois de mai ;

Et qu'elle soit fleurie ou nue,
L'immensité te continue,
La bise a la voix du grillon !...

Mais ton corps reste inanimé,
Et tandis qu'empruntant tes fibres
Nerveusement l'univers vibre,

Seul, un parasite bryon
Revêt d'une aurorale teinte
Ta chair, tombeau d'une âme éteinte.

LE SUICIDE

LORS qu'inconsciente encor et non vêtue
Du rayonnement pur de ton œil fulgurant
Mon âme, à la venvole, errait en t'ignorant,
Alors qu'argile encor non pétrie en statue,

N'incarnant rien, mon cœur ne pouvait se connaître
Puisque, n'étant que moi, je n'étais rien encor,
Que pouvait m'importer de mourir ou de naître ?
Dans la nuit, que pouvait m'importer le décor ?

Mais aujourd'hui, je vis et mon âme têtue,
Moulée aux visions de ton corps délirant,
Malgré la nuit, malgré l'abandon déchirant,
Comme d'un sacrilège a peur de ce qui tue.

Car l'écrin, vide hier, s'est empli de ton être
Ainsi que d'un joyau solennel, et la mort
Dont la profane main me fouille et me pénètre,
En détruisant l'écrin détruirait le trésor.

Ah ! si quelqu'un pouvait hériter de l'image
Que mon cœur ébloui garde de ton visage,
Si quelqu'un, après moi, sentait ce que je sens ;

Si les traces de nos flamboyantes étreintes
Dans un marbre éternel pouvaient rester empreintes
Pour t'immortaliser telle que je te vois,

Mon âme, alors, cessant de se sentir sacrée,
Et pleurant sans espoir ta belle chair nacrée,
Verrait avec transport se congeler mon sang.

Ah ! oui ! L'oubli de tout... de tout ce qui fut nôtre !...
Mais dans quel autre cœur vivrais-tu, dans quel autre,
Aussi divinement glorieuse qu'en moi ?...

Solitude

Qu'il ait eu pour témoins les splendeurs sidérales
Ou le texte moisi des vieux codes étroits,
Le serment n'est jamais qu'une fleur rudérale
Herpant autour d'un cœur comme autour d'une croix.

Les caresses s'en vont, une à une égrenées,
Comme les gouttes d'eau d'une neige qui fond
Et laissent un beau jour l'âme hallebrenée,
Tremblante et seule, auprès d'un abîme sans fond !

Dès que l'amour voit fuir les heures aurorales
Dont la fraîcheur figeait le rêve auquel on croit,
Notre rêve en chaos débâcle avec des râles
Et coule, laissant nu le cœur, roc morne et froid !

Maudit soleil, par qui toutes fleurs sont fanées,
Par qui toutes les eaux loin des sources s'en vont !
Maudits baisers par qui les amours les mieux nées
Crèvent, plus vides que des bulles de savon !

Si d'un amour sans fin tu veux garder l'empreinte,
Renonce à tout baiser, renonce à toute étreinte,
Fuis l'aveu d'un contact, l'aveu d'un œil ardent !

Lorsqu'en toi grondera trop fortement la houle,
Plonge en la solitude hébétante des foules,
La seule solitude où l'on soit vraiment seul !

L'escarpement des monts, les embruns de la dune,
Les rougeurs d'un soleil couchant, les clairs de lune,
Evite-les : ce sont de trop vieux confidents !

Aime, comme on chérit les femmes disparues,
Et, résigné, parcours le vacarme des rues,
Figé dans ton amour comme dans un linceul !...

PROMETS-MOI

SI doit venir l'heure damnée
Où ma pauvre âme haillonnée
Te verra disparaître au loin,

Laissant en suaires funèbres
Traîner après toi les ténèbres,
Oh ! promets, promets-moi, du moins,

Que si, sous ta chaleur féconde,
Quelque âme nébuleuse encor
S'épanouit et devient monde,
Printemps aux gazouillants accords,

Toi, soleil d'un univers neuf
Brusquement jailli de la mort,
Toi qui déclos l'aigle d'un œuf
Et mettrais à Dieu même un mors ;

4

Toi qui fais gronder comme une onde
Mon cerveau par toi seule fort,
Toi, dont la clarté qui m'inonde
Me tient en laisse sans effort,

Toi qui me meus comme un éteuf
Dont ton caprice fait le sort,
Si tu dois prendre ton essort
Et laisser mon firmament veuf,

Oh ! promets-moi, ma bien-aimée,
Lorsque tu planeras, pâmée,
Dans quelque ciel d'amour lointain,

En dépit des nouveaux délires.
De ne jamais, jamais médire
De notre amour, ce monde éteint !

Les Baisers morts

Quand le ciel d'hiver fuit et que sa traîne grise
S'accroche lourdement aux coins de l'horizon,
Encadrant l'azur neuf, qu'un soleil jeune irise,

De nuages sculptés, socles noirs et mystiques
Sur lesquels l'œil humain cherche, avec un frisson,
L'essaim auréolé des madones antiques ;

Quand le tonnerre, de sa voix impérieuse,
Réveille les bourgeons sous l'écorce accroupis,
Et veut rendre aux forêts l'ombre mystérieuse,
Aux lèvres les baisers, aux champs l'or des épis,

L'arbre murmure-t-il à la feuille nouvelle :
« Rentre ! » Et le champ, dit-il à son épi montant :
« Meurs ! aux anciens épis je veux rester fidèle ! »
Et la lèvre dirait seule au baiser : « Va-t-en ! »

La feuille, aussi, dit-elle à l'arbre, furieuse :
« D'autres ont enlacé tes membres assoupis ;
« D'autres feuilles, sur toi planèrent, glorieuses ! »
Seul, le baiser jaloux, exhalant son dépit,

Au lieu d'épanouir la lèvre sous son aile,
Lui dirait : « Pourquoi donc eus-tu d'autres printemps,
« Lèvre ? Prends-tu l'amour pour une ritournelle ?
« Veux-tu revivre en moi tous tes baisers d'antan ? »

Respectons le passé ! Quand soufflera la bise
Le printemps mort sera le bois sec qu'on attise,
Et qui nous chauffe, lui qui nous abrita, vert !

Ainsi, dans l'âtre du souvenir, tous ensemble,
Les baisers morts qu'aux jours embrumés l'on rassemble,
Flamberont pour chauffer encor nos cœurs, l'hiver !...

L'Ame humaine

'AME humaine, c'est la martyre que l'on scelle
Vivante en une tombe où la nuit s'amoncelle,
La toujours seule, isolée éternellement !

Aveugle, par les monts, par les mers, par l'espace,
Elle meut son tombeau comme une carapace,
Et, ne percevant rien, trouve que tout lui ment.

Elle roule sans fin : sa voix qui se lamente
Appelle à son secours tout bruit errant dans l'air ;
Effrayée, en tanguant au gré de la tourmente,
Elle secoue en vain sa carcasse de chair.

Elle appelle, attendant toujours qu'on lui réponde,
Et lorsque par hasard un autre cœur muré
Ebranle, en la heurtant, sa coque vagabonde,
Un espoir fait bondir son sang courbaturé ;

Au fond de son cachot son œil se diamante :
Les murs vont s'effacer comme un furtif éclair !...
Et l'autre âme, elle aussi, qu'un même mal tourmente,
Se voit déjà planant dans l'allégeant éther !...

Autour d'elles, pourtant, la nuit reste profonde.
Lors, renonçant aux mots vainement murmurés,
Avec une fureur de Titans torturés
Elles se ruent heurtant leurs deux bogues immondes !

Mais entre elles le mur demeure opaque et fort.
Ne comprenant plus rien, les captives rebelles
Hurlent en se nommant fausse, traître, infidèle !

Puis se quittent, sentant impuissant tout effort...
Et chacune, murée en son noir mausolée,
Roule dans l'infini, toujours plus isolée !...

Il faut mentir

Oh ! ne laisse jamais la rudérale flore
Des désillusions ternir ton œil errant !
Car auprès d'un amant dont le sanglot implore,
Le mensonge est sacré comme auprès d'un mourant !

Répands sur tout mon cœur le baume du mensonge ;
Dis que tu me chéris comme au dernier été !
Je sais bien que c'est faux : mais berce-moi d'un songe
Qui de tous nos parfums enfuis ait hérité.

Je ne veux pas savoir ! je veux sentir éclore
Tendrement, sur mon front, ton baiser effarant,
Ton baiser dont ma vie entière se colore :
Trompe-moi comme on trompe un pauvre enfant souffrant !

Ne sois pas le cœur dur qu'un vain préjugé ronge :
Le mensonge est divin ; âpre est la vérité !
Que ton corps plein d'un autre auprès de moi s'allonge,
Pieusement trompeur en sa lascivité !

Crois-tu donc Dieu cruel à ce point qu'on l'outrage
Quand, malgré l'évidence, on murmure : courage !
Quand à l'agonisant on dit : Tu guériras !

Soit ! Tu ne m'aimes plus ! mais contre moi blottie,
Dans un mensonge, ainsi que dans un pain d'hostie,
Dissimule le goût de ton baiser amer !

Mens encor, mens toujours ! tends la moi souriante
Ta lèvre qui dans la nuit, seule, m'oriente ;
Peut-être, à force de mentir, tu sentiras

S'entrouvrir en ton cœur des bourgeons pleins de sève
Prêts à joncher de fleur notre couche où le rêve
Refera tressaillir comme autrefois ta chair.

NE MENS PAS

Tu vois, je ne suis pas le ténébreux artiste
Que le sort marque au front d'un grand pli soucieux
Et qui ne peut pas voir un mouchoir de batiste
Sans vous le demander pour éponger ses yeux ;

Je fais tout pour te plaire et veux ce qui t'amuse,
Sans te parler jamais ni de mon front brûlant,
Ni du baiser fiévreux d'une obsédante muse ;
J'écris, quand je n'ai pas près de moi ton corps blanc.

C'est pour toi que je t'aime et si tu me vois triste,
C'est que je n'entends plus ton beau rire joyeux !
Pourquoi me craindre, dis ? Quand donc fus-je égoïste ?
Va refleurir ailleurs et fais-moi tes adieux !

Je ne t'en voudrai pas : il faut bien que tout s'use !
Mais laisse-moi le goût de nos baisers d'antan,
Sans chercher à masquer, par une vaine ruse,
Sous des fleurs de papier l'absence du printemps !

Dussé-je pour toujours sentir sur mes épaules
S'appesantir la neige et la glace des pôles,
Je veux croire aux printemps dont d'autres sont témoins !

Oh ! ne m'arrache pas ma foi dans la nature,
Ma foi dans les baisers, les fleurs et la verdure !
Les amours meurent, oui ! mais l'amour ne meurt point !

Quand l'hiver m'engourdit, laisse-moi croire, au moins,
Qu'au brasier fécondant d'un astre chimérique,
A l'autre axe, là-bas, verdoie une Amérique ;

Que j'ai raison de croire au Soleil même loin !...
Et poursuis sans émoi ta route coutumière...
Aveugle, je veux croire encore à la lumière !

HANTISE

L'AUTRE soir, quand tu m'as vu sourire à quelqu'une,
Toi qui ne m'aimes plus, j'ai perçu cependant,
Ainsi qu'aux meilleurs jours, une vague rancune
Qui mettait dans tes yeux un éclair plus ardent ;

Pour un rien, tu m'aurais accusé de parjure ;
Ton beau front se plissa durement et rougit,
Si bien que pendant un instant, je te le jure,
Déconcerté, je crus que j'avais mal agi !

Donc, tu ne m'aimes plus, mais tu voudrais qu'aucune
Autre ne pût offrir à mes baisers ses dents ;
Le soleil veut briller aussi sur la lagune :
La mer ne suffit pas à ses feux débordants !...

Va ! tranquillise-toi ! car même par gageure,
Dans un de ces élans où l'orgueil réagit,
Si ma fierté voulait te faire cette injure
D'offrir une autre idole à ton socle affranchi,

Mes efforts seraient vains et toujours cette idole,
Malgré tout mon vouloir, ne serait qu'un symbole,
Un symbole d'amour, c'est-à-dire encor toi !

J'ai besoin de t'aimer et je me sens infâme
Au point que, si jamais j'étreignais d'autres femmes,
Je ne les étreindrais qu'en fermant mes deux yeux !

Ce que je chercherais, dans cette vaine étreinte,
C'est le parfum dont tu laissas mon âme empreinte,
C'est le chaud souvenir des spasmes d'autrefois !

Il me faut à tout prix peupler de toi mes cieux,
Et je t'évoquerai toujours, partout, sans trêve !
Sur terre tu me fuis ? Je t'aurai dans mes rêves !

RÉVOLTE !

EH bien, non ! j'ai menti ! je suis jaloux ! je saigne
Plus que si l'on m'avait percé de mille clous !
Non ! je ne veux pas qu'une autre bouche t'enseigne
D'impurs baisers ! Non ! j'ai menti ! je suis jaloux !

Eh quoi donc ? tu m'as cru ? Tu n'as donc rien compris !..
Tes yeux ne voient donc pas ? Ton cœur est donc de glace ?
Il te faut donc des pleurs ? Il te faut donc des cris ?
Es-tu donc à ce point aveugle, à ce point lasse ?

Quoi ! tu peux tolérer que ma lèvre se ceigne
D'un rire qui ressemble au hurlement d'un loup !
Qui ? moi !... permettre, moi, qu'un autre amant t'épreigne...
Que sa main, sur ta chair... Oh ! non ! non ! j'étais fou !

Dis-moi que tu les a jugés à leur vrai prix,
Mon calme et mes raisonnements de Lovelace ;
Dis que te pardonner eût été du mépris
Et que je te tuerai si d'autres bras t'enlacent !

Non ! non ! L'amour n'est pas le printemps anonyme
Qui nous fait verdoyer quand la sève s'anime,
Et si j'ai dit cela, je ne suis qu'un menteur !

Non ! non ! le cœur humain, c'est la fleur diaphane
Que la poussière des chemins ternit et fane,
Et qui perd un pétale à tout nouvel amour !

Oh ! ne t'effeuille pas, fleur tendre encor intacte,
Et, liée à mon cœur par un radieux pacte,
Conserve auprès de moi ta forme et ta senteur !

La femme sans candeur, c'est la fleur sans corolles :
Mais si tu me chéris, fidèle à ta parole,
Même en l'herbier du temps, tu seras fleur toujours !

AMOUR PERVERS

JE t'aime parce que, soit rieur, soit austère,
Ton regard est toujours plein d'un large mystère
Et d'une immensité très noire ou je me perds,

Et que j'y cherche en vain, au fond d'un ciel sans terme,
Un petit coin discret où mon image germe ;
Je t'aime parce que ton regard est pervers !

Tu peux lever sur moi les plus cruelles dîmes :
Lâche, fier, je serai tout ce qu'il te plaira ;
En ton être, à jamais, comme dans un abîme,
Résignée ou luttant, mon âme roulera !

Car j'ai beau, dans ton cœur, répandre par brassées
Mes pensers, mes baisers, mes larmes, mes espoirs,
Rien de moi ne revit dans ta chair harassée,
Dans ta chair oublieuse autant qu'un clair miroir !

Et les chants qu'enlacés tous deux nous entendîmes,
Et les printemps éclos sous tes baisers ingrats,
Les couchers de soleil dorant les hautes cimes,
Alors que tu semblais te pâmer dans mes bras ;

Et l'automne, plus tard, quand les feuilles froissées
Sous nos pas alanguis chantaient l'hymne du soir ;
Et la lune rêvant dans les peupliers noirs
En versant sur le lac ses larmes embrasées ;

Et tout ce que nos cœurs enfiévrés échangèrent,
Dans quel coin de ton âme, éternelle étrangère,
Dans quel coin de ta chair les peut-on retrouver ?

Et c'est pourquoi, pervers, je m'attache à ton culte,
O terrain labouré toujours, toujours inculte,
Poème fugitif toujours inachevé !...

L'ANTIQUE CITÉ

SUR l'horizon éteint de mon cœur se profilent
Mes rêves de jadis, mes antiques fiertés,
Troncs aujourd'hui vieillis, pauvres rameaux aphylles
Qui montrent tristement les vieux nids désertés !

O spectres des cités mortes ! ruines saintes,
Debout encor, malgré les flammes et l'acier,
C'est du même soleil que vos pierres sont ceintes ;
Mais où sont donc les yeux que vous éblouissiez ?

O mon cœur, fourmillant jadis comme une ville,
La même illusion qu'aux beaux jours emportés
Resplendit chaudement sur tes débris stériles :
Mais où sont les baisers mûris sous sa clarté ?

O puissantes forêts, odorantes jacinthes,
Prés verdoyants jadis et maintenant glaciers,
O cœur qui rugissais, populeuses enceintes,
Le soleil brille encor dont vous vous nourrissiez !

Sous mon illusion, chaque jour plus brûlante,
Que ne renaissez-vous, ô merveilleuses plantes,
O rêves odorants, floraisons de mon cœur ?

Plus que jamais je crois que l'amour seul existe !
Espaces tout vibrants de rubis, d'améthystes,
Espaces parfumés de baisers langoureux,

Sublime éclosion de lèvres rutilantes,
Etreintes qui rendez nos haleines plus lentes,
Amour, amour divin, sois de nouveau vainqueur !

Viens relever ce cœur si désert et si triste,
Et rends-lui, Dieu d'amour à qui rien ne résiste,
Son peuple éblouissant de rêves vaporeux !

ACTE DE FOI

FEMME fuyante, idole aux formes indécises,
Parfum insaisissable et dont nous nous grisons,
Nuage se tordant sur tous nos horizons,
Divinité plus que Dieu lui-même imprécise ;

Brume qui te revêts de la pourpre solaire,
Vapeur impalpable où se retranche l'éclair,
O foudre qui rugit, rêve crépusculaire,
Femme, je crois en toi comme je crois à l'air !

Et moins je te comprends, tempête ou tiède brise,
Moins ton âme de fleur permet que ma raison
La parque entre ses mots comme en une prison,
Plus je t'adore et plus ton souffle pur me grise !

Que ta lèvre m'appelle ou qu'elle me tolère,
Je sais que tout baiser livre toute ta chair ;
Que, sincère en ton spasme autant qu'en ta colère,
Tu ne nous ments pas plus que ne ment le ciel clair ?

Aujourd'hui l'aube est éblouissante et dorée
Et même si demain vient la pluie abhorrée,
Qui pourra dire que l'aube d'or m'a menti ?

Me ment-il le Soleil qui, pendant que je rêve,
Eclaire d'autres cœurs et chauffe d'autres grèves ?
Toute une éternité peut tenir dans un jour !

Et quoi ? tu ne pourrais décrire ton orbite
Sans que le Mexicain, jaloux du Moabite,
Te déclare parjure et soit anéanti ?

O Femme ! astre éternel et que nul ne possède,
Qu'importe si demain un rival me succède ?
Chacun de tes baisers contient tout un amour !...

LES LASSITUDES

Le Chateau de Chillon

A Léon Deschámps.

DEVANT ce château-fort au profil inclément
Qui vomit vers le ciel ses barbares tourelles
Comme un juron sortant des flots bleus du Léman
Et des taillis en fleurs pleins de frôlements d'ailes,

L'on s'arrête, saisi d'horreur et de dédain,
Comme un amoureux qui, vers la vierge qu'il aime,
Craindrait de hasarder un regard et, soudain,
L'entendrait proférer le plus hideux blasphème !

Car l'on ne conçoit pas la vierge sans candeur,
Car l'on ne conçoit pas qu'en des lèvres vermeilles,
Fleurs suaves aux plus capiteuses odeurs,
Autre chose que des baisers d'amour sommeille !

Non ! le penseur recule et demande comment,
Au milieu des splendeurs calmes de la nature,
Les yeux emplis d'azur et d'espace, vraiment,
Comment un homme a pu, là, rêver de torture !

Dites ! de quelle vase étiez-vous donc pétris,
Vous, les preux de jadis, mornes ducs de Savoie ?
Sur vos blasons, les lys sont donc au pilori,
Puisque fers et cachots marquent seuls votre voie !

Et pourtant, vous aviez, tout comme nous, un cœur,
Des yeux qu'éblouissait la blanche nue errante,
Et que le crépuscule emplissait de langueur !
Vous aviez une femme à la chair enivrante

Qui, dès votre retour sombre et pensif, le soir,
Vous enlaçait de ses deux bras, avec tendresse,
Et, sur vos forts genoux se hâtant de s'asseoir,
Etouffait vos remords sous ses chaudes caresses !

Donc, entre deux baisers, donc entre deux soupirs,
Nulle angoisse, jamais, ne tenailla votre âme,
Quand aux cachots, sous vous, râlaient tant de martyrs?
Peut-on rester cruel dans les bras d'une femme ?

Ou bien serait-il vrai que la férocité
Sait rendre plus fougueux les spasmes érotiques,
Et qu'un enlacement a plus de volupté
Quand du sang tiède encor teint nos mains frénétiques ?

Et vous, faut-il vous plaindre ou bien vous envier,
Vous, qu'étreignaient ces mains, ô pâles châtelaines,
Et quand vous vous tordiez sous ces corps meurtriers,
Quel nom portaient vos cris ? cris d'amour ou de haine ?

II

Bien campé sur ses étriers,
Ton seigneur s'est mis en campagne ;
Comme un mur de fer, l'accompagne
Sa garde d'arbalétriers !

Il s'en va, tout couvert d'airain,
Piller quelque ville inquiète,
Pour assouvir ses oubliettes
Et repeupler ses souterrains.

En te quittant, mortel affront,
Il a cadenassé ta porte
Et sa jalousie est peu forte,
Car il n'a pas baisé ton front.

Pourtant, les yeux dans l'horizon,
Perdus sur les crêtes neigeuses,
Que fais-tu donc, triste et songeuse,
Aux fenêtres de ta prison ?

Rêves-tu quelqu' autre avenir ?
Sur une échelle romanesque,
Vois-tu l'amant chevaleresque
Qui jusqu'à toi saura venir?

As-tu soif de baisers plus doux
Que ceux de ton époux farouche ?
Voudrais-tu sentir sur ta bouche,
Les lèvres d'un homme à genoux ?

Non ! si ton œil humide luit,
C'est que ton beau corps qui se cambre,
Conserve encor en chaque membre
Les frissons des dernières nuits !

Tu reveux ton mâle vainqueur :
Le parfum de ses baisers fauves
Voltige encore dans ton alcôve,
Et jette l'ivresse en ton cœur !

Tous tes sens lui sont asservis
Et seul son souvenir t'assaille :
Sois donc exaucée et tressaille ;
Entends grincer le pont-levis !

Une rougeur monte à ton front ;
Ton cœur bat plus fort et, pâmée
Derrière ta porte fermée,
Tu perçois un bruit d'éperons.

Oui ! c'est bien lui, ton tout puissant,
Celui dont ton âme est emplie,
Le maître devant qui tout plie,
Et qui garde une odeur de sang.

« J'ai pour vous, du soir au matin,
« Madame, sans reprendre haleine,
« Battu la montagne et la plaine :
« On va monter votre butin. »

Sur ta main qu'il sent frissonner
Il applique ardemment sa bouche :
« Daignez m'attendre en votre couche ;
« J'ai quelques ordres à donner ! »

Il sort : dehors, le vent soufflette et tord les joncs ;
Le lac devient verdâtre et, tout couvert de brume,
Se cramponne avec rage aux lourds flancs du donjon,
Puis retombe, épuisé, dans un grand flot d'écume.

Tu vas vers ta fenêtre, et regardes les cieux :
Des nuages de plomb l'étreignent et le couvrent,
Et parfois un éclair jaillit, silencieux
Et brillant jet de sang, de leurs flancs qui s'entr'ouvrent.

Comme un titan qu'un dieu blesse mortellement
Et qui, bien que vaincu saura lutter encore,
Le nuage, aussitôt, pousse un rugissement
Dont le fracas se brise en mille éclats sonores.

Oui ! ferme ta fenêtre et regagne ton lit ;
En vain, les hurlements répétés du tonnerre,
Pauvre cœur aux abois, sonneront l'hallali !
Ils ne perceront pas les roches de ton aire.

Oui ! sans crainte tu peux dénouer de tes reins
Cette ceinture d'or que des brillants constellent
Et permettre à ton corps de s'élancer, serein,
Hors de son flot moelleux de soie et de dentelles.

Car ton maître est plus fort que la foudre et le vent !
Sois calme, le voici : tu n'as plus rien à craindre !
Au milieu des parfums capiteux du Levant,
Laisse ses bras puissants t'enlacer et t'étreindre.

Ah ! les revoilà donc, ces folles voluptés,
Ces baisers qui, parfois, s'achèvent en morsures,
Ces étreintes de feu qui, sur ton corps lacté,
S'inscrivent tour à tour par une meurtrissure !

Ah ! oui ! les revoilà, ces spasmes fugitifs
Où le cœur semble se broyer dans la poitrine,
Et dont le souvenir obsédant et lascif,
Faisait, tantôt encor, palpiter tes narines !.....

Sur un flot écumeux de batiste, ton corps
En tous sens agité par l'étreinte du Faune
Se débat, se contracte et s'étire et se tord ;
Puis, le voilà vaincu, sans mouvement, aphone.

III

Aussi, les caresses faiblissent ;
Tous tes muscles sont apaisés.
Les rayons de tes yeux pâlissent
Et tu ne rends plus les baisers.

Mais un cri d'agonie ébranle l'air :
Tu te dresses, le cœur plein d'épouvante ;
Ecoute donc : dehors, il tonne, il vente ;
Regarde : à chaque instant luit un éclair.

Tu te tournes vers ton époux;
Il n'a pas bougé de sa place ;
Un de ses bras toujours t'enlace;
Ne rit-il pas sous son poil roux ?

Tu vois, il sourit ! c'est donc quelque oiseau,
Quelque oiseau de nuit, que la foudre raille
Et qui, de son cri d'épouvante, éraille
Le grondement sourd et houleux des eaux.

Mais de nouveau le cri siffle strident,
Et ce cri sort bien d'une gorge humaine :
Il tombe, bondit, jusqu'à toi se traîne,
Tour à tour plaintif, acerbe ou mordant.

Et ton époux sourit encor
— « Vous ne venez donc pas d'entendre.... »
Il t'interrompt d'un geste tendre,
Et, se serrant près de ton corps !

— « D'entendre quoi ? ce léger cri ?
« N'y prenez garde, ô ma lionne !
« C'est quelqu'un que l'on questionne. »
Puis il a de nouveau souri :

— « Ce n'est qu'un prisonnier mutin !
« Embrassons-nous, ô mon idole !
« C'est à nos baisers qu'on immole
« Cette part de votre butin ! »

Et d'en bas le cri monte, plus perçant.
Sur ton lit assise
Et l'âme indécise,
Tu crois voir couler de longs flots de sang !

D'horribles tableaux passent sous tes yeux,
　　Car cette capture
　　Qu'on broie et torture
Est peut-être belle à l'égal des Dieux !

Ciel ! serait-ce un de ces guerriers vaillants,
　　Héros d'épopée
　　Dont la lourde épée
Empourpre le flot noir des assaillants ?

Et tel qu'un géant, indomptable et fort,
　　Tu le vois paraître
　　Entouré de reîtres,
Qu'il couche à ses pieds sans aucun effort.

Il est comme un Dieu bravant les titans,
　　Et sa tête nue
　　Droite dans la nue
Frappe de terreur tous les combattants.

A la fin pourtant, pareil au rayon
　　Qu'obscurcit une ombre,
　　Vaincu par le nombre,
Il tombe, sanglant, le long d'un sillon.

Et c'est ce guerrier, ce puissant héros,
    Ce beau corps d'athlète,
    Qui peut-être halète,
Sous les doigts rougis des hideux bourreaux ?

IV

    Mais déjà ton mari te veut :
    Sous un baiser il te recouche,
    Et, collant sa bouche à ta bouche,
    T'écrase sous son corps nerveux.

Tu résistes encor et tu voudrais pleurer !
La foudre, cependant, redouble ; la tempête
Plus furieusement embouche sa trompette
Et sème la terreur dans ton cœur éploré !

Comme tu tremblerais s'il n'était près de toi,
Le mâle vigoureux qui peut si bien étreindre !
Ah ! comme tu le sais que tu n'as rien à craindre
Quand tu sens tes chairs se raviner sous ses doigts !

C'est fait ! tu ne vois plus en lui l'homme cruel,
Mais le seigneur puissant, maître de tant de vies !
Ton âme redevient soudain inassouvie ;
Dans ta chair se réveille un besoin sensuel.

6

Ah! qu'importent les cris qui montent des cachots!...
      Sous ton mâle enfouie,
      A présent ton ouïe
Ne s'ouvre plus qu'au bruit des baisers les plus chauds!...

V

Et pendant un moment, la craintive noctue
Put entendre, en errant autour du château-fort,
En haut les doux soupirs, en bas les cris de mort,
Le spasme qui féconde et le spasme qui tue!...

Océan !

MOI-MÊME j'aurais pu t'aimer peut-être aussi,
Mer superbe, alors que la sévère Vacie
Debout sur son dolmen, faisant vœu d'atocie,
Tournait vers toi son corps par ton haleine arsi !

J'aurais pu te chérir alors que l'infini
Etait ta seule borne et qu'au Ciel réunie
Tu frôlais le satin constellé d'Uranie
Qui penchait son œil bleu sur ton azur uni !

Alors qu'au dur fracas de tes flots courroucés,
L'on s'attendait à voir, sous ta fauve poussée,
La voûte du ciel noir, froissée et convulsée,
Faire pleuvoir sur nous les astres fracassés !

Quel besoin avait-on d'aller dans tes flots mous,
Dont j'eusse aimé jadis les cris et la baboue,
Jeter la sonde et voir des entrailles de boue
Au lieu du lit d'azur où jasaient tes remous ?

Reine déchue, ô Mer au grand corps cadencé,
Pourquoi d'avec le ciel t'avons-nous divorcée ?
C'en est fait et ta couche, ô morne fiancée,
N'ouvre plus ses draps bleus au soleil harassé !

Et maintenant, rampe avec nous, toi qui planais !
Fais de ton diadème une vile monnaie ;
Loin du velours des cieux erre en notre épinaie !...
... Tomber si bas, ô mer qui de si haut venais !...

Vieille Maitresse

YSTÉRIQUE et folle amante,
La mer hurle et se lamente,
Inassouvie à jamais ;
Et pourtant, que d'amants braves
Ont enfoncé leurs étraves
Dans ses flancs toujours pâmés !

Mer, aux étreintes viriles,
Tes flancs sont-ils donc stériles,
Puisqu' après tant de baisers,
Prostituée inféconde,
Tu ne rends qu'écume et qu'onde,
Et que navires brisés !

Pourquoi, dans ta large bouche,
Ce long cri de femme en couche,
Pourquoi ce spasme géant,
Si nul des amants n'espère
Devenir un jour le père
De quelque jeune Océan ?

Ah ! pauvre vieille maîtresse !
Quand, sur ton sein, l'on se presse,
Tu crois peut-être, un moment,
Tant notre baiser te leurre,
Qu'en toi va vibrer sur l'heure
Un nouvel engendrement !

Tu revis l'époque éteinte
Dont chaque heure en ton cœur tinte,
L'époque où, pour tes amants,
De tes virginales ondes
Tu faisais jaillir des mondes
Et de nouveaux firmaments !

Dans tes cris, entre tes lames,
Pour sûr, toujours tu réclames
Les fiers amants qui, jadis,
Savaient rendre créatrice
Leur commune Béatrice,
La Mer, leur seul paradis.

Lors, toute verte de fièvre,
Tu vas, l'écume à la lèvre,
Vers les continents fleuris ;
Chaque îlot, chaque rivage,
Te rappelle ton veuvage,
Te parle de tes maris.

Tous te disent, par leur âge,
Que ridicule est ta rage
Et tes regrets superflus ;
Que ton beau passé t'égare,
Que les Cortez, les Pizarre,
Ne te reconnaîtraient plus !

Pourtant, elle n'est pas morte,
Cette race fière et forte
Des Colombs et des Gamas ;
C'est ta pauvre chair de vieille
Qui, dans leur sang, ne réveille
Plus l'ardent amour du mât !

Sur ton corps qui se lézarde,
Lorsque l'un d'eux se hasarde,
C'est qu'il ne peut autrement
Aller pincer les chevilles
De quelqu'une de tes filles,
Lui que tu crois ton amant !

Allons ! ma pauvre hystérique !
Regarde ta fille Afrique
Nous délacer son corset ;
Vois sa lèvre purpurine,
Sa jeune et ferme poitrine,
Bondir vers notre baiser !

Vois ! comme son corps se cambre
Avec de beaux reflets d'ambre ;
Vois ce frisson ondulant,
Ces coups de reins de strivale !
Entends ces cris de cavale,
Et ce long souffle brûlant !

Ah ! contre cette Cybèle
Si virginalement belle,
Comment voudrais-tu lutter ?
Sous le feu qui te dévore
Tu peux bien rugir encore :
Elle a sa virginité !

Chois donc où l'âge t'entraîne,
Mer, et toi qui fus la reine
Des géants les plus altiers,
Compense, en cette heure sombre,
La qualité par le nombre :
Fais de l'œil aux canotiers !

Epicure

VANT que tu sois vieux et que l'amour te mente,
Avant que dans ton ciel éclate la tourmente
    Où sombrent les illusions,
Tant que ton sang est chaud, tant que tes dents sont blanches
Soûle-toi de vieux vins et d'opulentes hanches,
    Mords à toutes les passions !

Surtout, ne rêve pas ! Laisse ces soins arides
Aux fronts parcheminés et balafrés de rides,
    Au poète, ce triste sot !
Grise-toi du réel, et de l'heure qui sonne,
Du spasme qui vous tord, du baiser qui frissonne ;
    Bran ! à qui te dira pourceau !

A celui-là, sans peur, il faut crier : eunuque !
Car plus un poil ne reste au-dessus de sa nuque,
          Hardiment tu peux l'édicter !
Il n'endosserait pas ce cilice farouche
Et ne cracherait pas bêtement par la bouche,
          S'il pouvait encor t'imiter.

Aux chapons seuls l'amour peut donner des nausées :
Pour faire les malins ils ferment leurs croisées
          En clignant finement des yeux ;
De quel secours serait le soleil au vieil arbre
Qui clamerait en vain à sa sève de marbre :
          Redresse-moi donc vers les cieux !

Les faibles estomacs, les cœurs des héliastes
Veulent qu'autour d'eux tous soient sobres et soient chastes :
          Le rire agace l'homme sourd !
L'aveugle, malgré lui ronchonne et se dépite,
Lorsque dans l'air un feu d'artifice crépite,
          Ebranlant un ciel noir et lourd !

Mais lorsqu'on a deux yeux, un nez et des oreilles,
Lorsque notre sang bout comme le sang des treilles,
          Pourquoi nier les parfums chers ?
Pourquoi fuir les baisers comme on fuit une faute ?
Pourquoi ne pas ouïr les doux mots qu'on chuchote,
          Et ne pas voir les belles chairs ?

Crois-m'en ! s'il nous fallait suivre leur loi morale,
On ne nous permettrait bientôt plus que le râle,
      Le vice errant dans tous nos sens !
Penser à l'au-delà serait un crime atroce,
Car il paraît qu'au ciel on rit et fait la noce !
      Le néant seul est innocent !

Cette innocence, hélas ! ne viendra que trop vite,
Pauvre molobre ! Aussi, tant que ton sang gravite
      Rutilant, dans tes fortes chairs,
Imite tes parents le Soleil et la Terre,
Et bravement, laissant jacasser ou se taire,
      Par tous les sens bois l'Univers !

Les Empailleurs

E rappelles-tu ces Anglais
Qui, par les champs, à la venvole,
Armés de très subtils filets
Traquent le papillon frivole ?

Et le soir ils auront changé,
— O volupté de haridelles ! —
En foin rigide et ravagé
Toute une riche flore d'ailes !

Demain, dans le champ irisé,
Tu ne verras plus nul vestige.
Des fleurs qui, pour s'entre-baiser,
A chaque instant quittaient leur tige !

Donc, puisqu'au risque d'en souffrir,
Tu veux savoir quel mal nous ronge,
Laisse ton esprit attérir
Aux sommets azurés du songe !

Ne vois-tu rien ? — Non ! rien encor.....
Ah ! si ! je vois là-bas la nue
Dans des rayons de pourpre et d'or
Couvrir chastement sa chair nue.

Oh ! regarde donc ! on dirait
Que tout un essaim diaphane
Dans ce rayon d'or se mirait
Aux reflets de la cymophane ! —

— Bien ! Maintenant, au lieu de fils
Et de filets, tends une phrase,
Faite des mots les plus subtils,
Sur cet horizon qui s'embrase :

Puis, reprends vivement des cieux
Ta belle trame chatoyante,
Et regarde si, sous tes yeux,
Frétille l'Idée ondoyante.

Ne vois-tu pas, entre les mots
Qui la retiennent prisonnière,
Son aile, aux chauds reflets d'émaux,
S'agiter comme une bannière ?

Ta vision de l'Idéal,
Là, dans ta phrase est détenue ;
De ton rêve au ciel seul, féal,
Ne t'approche que tête nue !

Ah ! tu les connais, à présent,
Ces émotions débridées
Du poète qui redescend
Chargé d'un lourd butin d'idées !

Comme eux, tu sens battre ton cœur
Et tu connais toute l'ivresse
De tenir l'idée en vainqueur
Sous son regard, sous sa caresse.

De peur de la voir fuir, comme eux,
De tes mains fiévreuses, avares,
Tu serres un à un les nœuds
De ton réseau de mots barbares ;

Et comme eux, enfin, tu jouis,
Quand tu vois la pauvre captive,
Les yeux sous son aile enfouis,
Trembler plus qu'une sensitive !

Et tu te dis avec orgueil :
Je la tiens ! je la tiens vivante !
J'ai doublé le suprême écueil
Dans cette poursuite émouvante !

Venez, hommes ! accourez tous !
Voyez ce que je vous amène !
Je vais l'acclimater chez vous ;
Je vais en doter l'âme humaine !

Mais le peuple, ébloui d'abord
Houle soudain, ricane et hogne,
Quand, soulevant ton filet d'or,
Il n'aperçoit qu'une charogne !

Car ton regard terne et marri
Voit que ta captive, ta fée,
Dès longtemps a déjà péri,
Sous tes mots savants étouffée !

Adieu ! coups d'ailes enjôleurs
Auxquels ton caprice a mis trêve !
Adieu ! délirantes couleurs
Qui, tantôt empourpraient ton rêve !

Ton rêve gît, décoloré,
Et tristement son aile bâille,
Semblable à l'oiseau défloré
Que pour les badauds on empaille !

Et tu pourras, suprêmes vœux
Des rêveurs qui tiennent boutique,
Voir ton rêve, si tu le veux,
Dans quelque musée artistique.

Mais ne le cherche plus là-haut,
Là-haut dans ton azur fluide,
Enivré, radieux et beau,
Car pour toujours sa place est vide !

A jamais, à jamais éteint,
Le flambeau dont la lueur vive
T'entr'ouvrait l'Infini lointain
Hors du cercle où ta chair te rive !

Donc ! au lieu de t'être élancé
Avec lui, vers l'astre qui joue,
Tu préféras, pauvre insensé,
L'enliser au sol, dans ta boue ?

Ainsi, digne fils d'Albion,
Faux rêveur qui n'es qu'un morose,
Tu préfères le papillon
Sur le bouchon que sur la rose !...

Ainsi, tu l'aimes mieux classé
Sous l'étiquette qu'il comporte,
Qu'aux champs, mollement balancé,
Ame de fleur que l'air emporte ?...

Ah ! si, dans ton cœur encor pur
L'ambition hésite encore,
Et si tu n'aimes pas l'azur
Simplement pour qu'on te décore ;

Si c'est en loyal hobereau
Que tu suis ton songe rebelle
Et non pas en vil maquereau
Trafiquant du corps de sa belle,

7

Ne nous imite pas! Promets
De garder pour toi seul ton songe,
Et ne cède jamais, jamais,
Au vice ignoble qui nous ronge !

Jette papier, plume, encrier,
Et serein, l'âme déridée,
Sans auréole et sans laurier,
Monte en la sphère de l'idée !

Brise là tout orgueil menteur!
De l'Idée, en haut, sois le frère ;
Sois son frère, non son dompteur,
Et laisse l'humanité braire !

Et si par instinct, lâchement,
Un instant ton verbe l'enserre,
Rends-la vite à son firmament
Avant de redescendre à terre !

Regagne seul le sol obscur
Où tout bruit te fera sourire :
Le poète, pour rester pur,
Devrait ne pas savoir écrire !

Contre les Poètes

O vierge, aime les vers comme des fleurs célestes
Qui germent au hasard le long de tes chemins ;
Grises-en tes poumons, emplis-en tes deux mains,
Détache-les du sol et va-t-en à pas lestes !

Va-t-en sans écouter la fange qui te crie :
« Tourne tes yeux vers moi : cette fleur, c'est mon sang !
« C'est moi qu'il faut aimer, vierge au front innocent,
« Moi, père de la fleur, moi, moi qui l'ai nourrie !

« C'est moi le créateur ! cette fleur, c'est mon rêve !
« Parfums, formes, couleurs et sons mélodieux,
« De tout mon être, ainsi que du vouloir des Dieux,
« Jaillissent, éperdus, vers le soleil, sans trêve ! »

Vierge, cueille les fleurs des champs et de notre âme,
Et si, parfois, la peur d'être ingrate t'étreint,
C'est le soleil qu'il faut bénir, non le purin !
Ne cherche pas chez nous, ô Thisbé, ton Pyrame.

Crois-en ton confesseur : au royaume suprême,
Le plus pauvre en esprit est classé le premier :
Plus un sol est fécond, plus il a de fumier ;
O vierge, l'imbécile est seul digne qu'on l'aime !

N'admire pas nos fronts orgueilleux et moroses,
Car nous ne sommes rien que des fous imposteurs,
Puisque nous ignorons, nous, les fiers créateurs,
Si ce qui germe en nous sera chardons ou roses ;

Puisque nous avons tous de larges yeux de vache
Quand nous sentons en nous sourdre l'éclosion,
Ne sachant s'il sera chacal ou bien lion,
Notre enfant, s'il sera laid ou beau, fier ou lâche !

Evite d'engluer ton cœur à nos mensonges ;
Montre-toi sans pitié pour l'orgueil de nos pleurs :
L'odeur de nos ferments, tuant l'odeur des fleurs,
Ternirait à jamais la blancheur de tes songes.

Qu'avec nos seules fleurs, vierge, tu t'assouvisses ;
Mais garde-toi jamais de franchir notre seuil :
Tous nos actes de foi poussent sur de l'orgueil,
Et nos chants les plus purs s'alimentent de vices !

Choisis, pour apaiser le feu qui te dévore,
Un doux être assaini par l'imbécilité :
Chante avec lui nos vers ; et si ta volupté
Peut se passer de chants, ce sera mieux encore !

Pour les Poètes

Et bien, oui ! nous avons nos fiertés, nos délires ;
Oui ! nous dressons parfois un front trop orgueilleux
Et minés sans repos par une sourde fièvre,
Nous affectons, pour tous les gens sains, du mépris !
Mais ne sentez-vous pas, sous notre amer sourire,
L'effort que nous faisons pour garder secs nos yeux,
Et qu'afin de nous consoler de nos nerfs mièvres
De nos infirmités nous feignons d'être épris ?

Tristes âmes d'oiseaux sans duvet et sans ailes,
Nostalgiques enfants d'un univers perdu,
Nous ouvrons nos yeux clairs vers l'infini splendide
Attendant la becquée, hélas ! qui ne vient pas,
Et ne comprenant pas nos parents infidèles
Qui nous ont laissé choir sur ce terrain ardu,
Sur ce sol étranger où nos membres candides
Ne peuvent ni planer ni supporter le bât !

Car n'étant pas taillés pour la terrestre lutte,
Humblement il nous faut vivre en tendant la main,
Lamentables violons qui quêtent une offrande
Dès qu'une trêve met les armes en faisceaux !
Quel mépris n'a-t-on pas pour ces joueurs de flûte ?
Mais qu'y faire ? Peut-on, du jour au lendemain,
Contraindre la fauvette à manger de la viande
Et nourrir les lions avec des vermisseaux ?

O vous, que le combat, le luxe ou l'or enivre,
Vous dont la Terre est bien le vrai, le seul pays,
Gens repus, soyez indulgents à l'être maigre
Pour qui les baisers seuls et l'ailleurs ont du prix !
Songez que notre race a peu de temps à vivre,
Que ses jours sont comptés, sans repos assaillis,
Comme ceux de l'indien, du bochiman, du nègre,
Car nous sommes déjà non moins qu'eux incompris !..

Comment ne pas saisir, races victorieuses,
L'orgueil surexcité des races qui s'en vont?
N'est-ce pas pur hasard que l'air qui vous ranime
Nous écrase au contraire et nous brûle toujours ?
Et si vous habitiez la cité glorieuse
Qui nous attend, pour sûr, tout là-haut, tout au fond,
Bâtie en purs baisers, en rêves magnanimes,
Où l'on est riche alors qu'on est riche en amour ;

Oui ! si vous l'habitiez la céleste patrie
Où la tendresse est tout, où l'or est inconnu,
Que vous y sembleriez mendiants et sinistres
Avec vos cœurs emplis de grotesques métaux !
Que ta bouche serait affamée et meurtrie !
Que tu serais hideux quand tu serais tout nu,
Ame sans os ni chairs, banquier ou bien ministre,
Sans tes titres de rente ou tes pompeux manteaux !

Et vous regretteriez alors la terre infâme ;
Et vous la chercheriez d'un regard langoureux ;
Poètes à rebours, vous rêveriez de fange !
Nostalgiques enfants d'un cloaque perdu,
Sans trêve, des sanglots assoifferaient votre âme,
Et vos rauques appels, suppliants et peureux,
Siffleraient : « Rendez-moi le doux sol où l'on mange,
Mes usines, la Bourse et nos comptoirs dodus ! »

Mais puisque vous l'avez, l'Eden de votre rêve,
Est-il beau de railler les tristes exilés
Qui, tournant leurs regards vers le pays céleste,
Trouvent qu'aimer est tout et que le reste est vain ?
A nous les songes purs sur l'infini des grèves !
A nous les claires nuits, les chemins constellés !
Gardez l'or et les parcs anglais et tout le reste.
Nous ne voulons, nous, que des baisers et du pain !

MA PIPE !

A mon ami G. Fleurot.

O nid céleste, nid saint,
O nid plus tiède qu'un sein
D'où s'envolent par essaims,
Comme des aiglons sublimes,
De petits nuages bleus
Qui vont rejoindre, frileux,
Les grands nuages houleux
Dans l'azur, loin des abimes !

Ouvreuse d'horizons nouveaux,
Toi qui permets à nos cerveaux
Plus moisis que les noirs caveaux,
De chevaucher de clairs nuages ;
Toi qui, bien mieux que l'air des monts,
Fais palpiter dans nos poumons
L'oubli sous qui nous nous pâmons,
L'oubli de l'espace et des âges !

O toi par qui passé, futur, tout est présent;
Toi qui mets entre nous et le malheur cuisant
Une brume d'éther qui rafraîchit le sang ;
Toi, par qui le bonheur mort, tout joyeux s'exhume ;
Pipe, toi qui consens, sitôt que je le veux,
A me gonfler d'azur des talons aux cheveux,
Gloire à toi dont le bois cuivré, ferme et séveux
Me fait prendre en pitié tes pâles sœurs d'écume !

Les Morts

Plus on a de gloire en ce monde,
Plus la perte d'un ami cher
Fait une blessure profonde
Dans notre âme et dans notre chair.

Car la gloire de notre argile
N'existe que par ses témoins :
L'on sent trop ce qu'elle est fragile,
Dès qu'on a quelque ami de moins.

Devant nos œuvres de cloporte
L'effort parait un vain tourment :
Chaque témoin qui sombre emporte
Une pierre du monument.

L'on a cru faire œuvre maîtresse,
Entassé trophées sur trophées ;
Pour les êtres qui disparaissent,
C'est comme si rien n'était fait.

Et notre larme est hypocrite,
Car, dans l'angoisse qui nous mord,
On pleure son nom qui s'effrite :
On ne pleure pas l'ami mort !

CHEVAUCHÉE

—

Et sur quelque nuage blanc
Planant comme un grand goéland,
J'irais, sans avirons. sans voiles,
Voguant par tout l'infini bleu,
Brûlé par l'air, le teint hâleux,
A travers l'essaim des étoiles.

Les peuples verminant l'espace,
Ceints de pourpre ou de carapaces
Me salueraient avec terreur,
Et les fourmillantes planètes,
Concentrant vers moi leurs lunettes
Hurleraient de joie ou d'horreur !

Mais moi, sur mon nuage blanc
Planant comme un grand goéland,
Las des soleils, las des orages,
J'irais, sans chercher par un mot
A savoir leur joie ou leurs maux,
Vers l'infini sans atterrage !

Nul climat, aucun paysage,
Nul crâne de brute ou de sage,
Nul accord sauvage ou divin,
Nul sourire, nul corps de femme,
Rien, de ce qui nous affame,
Ne m'arrêterait en chemin !

Et j'éperonnerais l'élan
De mon subtil nuage blanc,
Car pour ma folle indifférence
Close à tout, éternellement,
Le baiser même de l'amant
Est une chose vieille et rance.

Et tant qu'une seule chaumière,
Qu'un bruit, qu'un rayon de lumière,
Qu'un parfum de fleur ou d'encens
Souillerait le divin silence
Et, comme avec de rouges lances,
Réveillerait l'un de mes sens,

J'irais sur mon nuage blanc,
Planant comme un grand goéland,
Plus loin, vers le silence et l'ombre,
Vers le trou vide, le trou noir,
Vers le fond du vaste entonnoir
Où rien ne vit, où rien ne sombre !

Car Dieu ne serait qu'un satyre
Si pour l'être que rien n'attire,
Au bout de l'infini béant,
Il n'eût laissé, dans sa clémence,
A côté de ce qui commence,
Un tout petit coin de néant !

Sans arrêter ton large élan,
Va vers ce coin, beau goéland !

Les Heureux !

C'EUX-LA sont heureux
Qui dorment sous l'herbe
Et que rien n'émeut !

Eux seuls sont heureux !
En vain le printemps
Peut faire mûrir les baisers en gerbes :
Hiver ou printemps,
Eux seuls sont heureux !

Ils n'ont avec eux
Emporté nul rêve
De riche ou de gueux !

Eux seuls sont heureux
Que n'atteint nul bruit
Os, muscles et chair, en eux tout fait trêve :
Au milieu du bruit
Eux seuls sont heureux !

LE BAISER

TELS des sachets blottis sous de lourds plis de moire,
D'odorants souvenirs parfument ma mémoire
Et, mariant sans fin leurs diverses senteurs,
Font, de mes jours enfuis, un arôme enchanteur !
Arôme triste et doux comme un épithalame,
Ame unique de ce qui fut million d'âmes,
Où tous les rêves, chus dans le passé béant,
Ne sont plus, pour mon cœur, qu'un unique Océan.
. . . .
Pris, donnés, ou reçus, mes baisers en démence
N'exhalent, maintenant, que *le Baiser* immense,
Le Baiser imprécis, plus grand que l'Univers,
Trop vaste pour tenir entier dans notre chair ;
Le Baiser, le seul vrai, que notre lèvre effrite,
Eden qu'elle conçoit, mais dont elle est proscrite ;
Si bien que dans mes sens, pourtant inapaisés,
La splendeur du *Baiser* a tué les baisers.

DILEMME

À quoi bon ? l'écrasant et sinistre « à quoi bon » !
L'éternelle demande à qui rien ne répond ;
Soupir de lassitude, après l'œuvre achevée ;
Vaines bulles d'espoir à chaque instant crevées !
A quoi bon nos labeurs, à quoi bon nos cerveaux,
Quand les cieux sont si grands et les astres si beaux ?
Que valent nos clartés ? Quel sens ont nos mystères !
Et quels que soient les cœurs dans lesquels je revis,
S'ils valent mieux que moi, pourquoi ne pas me taire,
Et si je vaux mieux qu'eux, à quoi bon leur avis ?

L'Insaisissable !

O livre qui fut moi, vers que je sanglottais,
Rythmes chers dans lesquels ma tristesse flottait
Ainsi qu'une comète à travers les étoiles,
Fantômes qui viviez de mon sang, de ma moelle,
Qu'êtes-vous devenus ? qui donc vous a changés ?
Je ne vous connais plus : vous m'êtes étrangers !
Fantastiques miroirs où vivait mon image,
Qui donc vous a ternis ? j'ai presque le même âge,
Je me penche sur vous pour y chercher mes traits,
Et c'est d'un inconnu que je vois le portrait !
Vous peuplez cependant ma mémoire fidèle,
Qui pleure vos sanglots et qui suit vos coups d'ailes !
Mais quoiqu'unis ainsi que l'épouse à l'époux,
Nous sommes bien deux cœurs et nous avons deux pouls.

O transformation constante et sans remède !
Jamais l'œuvre, toujours l'éternel intermède !
Un cœur toujours naissant et qu'une rouille mord,
Un être qui n'est rien qu'une suite de morts !...
. . . .
Emportez loin de moi cette image funeste
D'un cœur se dévorant, d'une âme palympseste
Où l'on efface *hier* pour griffonner *demain*.
L'avenir m'est égal ! Barrez-moi tout chemin !
Le seul but où je tends, ce que je veux, c'est être
Un être éclos et non toujours en train de naître,
Un *moi* définitif qui ne changerait plus,
Sans passé, sans futur, sans espoirs superflus,
Un *moi* pour toujours *un*, petit, sinon immense,
Mais disant : Je finis ici ; là je commence !
Un cœur qui ne soit pas un registre confus
Où l'on n'écrit jamais : Je suis ! toujours : Je fus !

Je suis las d'être ainsi qu'un long rouleau livide
Qui, sous un crâne en feu, constamment se dévide,
Et, sitôt dévidé, se consume et devient
Un peu de cendre vaine où l'on ne lit plus rien !
Mon âme ? je la cherche : où donc, où donc est-elle ?
Je darde sur mes vers ma fébrile prunelle :
Ce que je suis, hélas ! qui donc me le dira ?
Suis-je ce qui n'est plus ? Suis-je ce qui sera ?
Ou serais-je l'abîme effrayant qui se creuse
Entre ces deux néants ?... Vision ténébreuse !
Ah ! qui donc t'inventa, Léthé, fleuve d'oubli ?
Mais mon sang, tout le sang dont mon corps est empli,

Et qui va de mon cœur à ma tête, sans trève,
Le voilà, le Léthé que sottement on rêve :
Chacun le sent en soi qui serpente et se tord,
Et tout corps est un peu le royaume d'un mort !

Surgirait-il, le Dieu qui sèchera cette onde
Et la remplacera par la liqueur féconde
Sous laquelle la cendre et les mots effacés
Retrouveront leur forme et leur beau sens passés ?
O tristes parchemins, plus tristes créatures
Dont le temps a rongé les saintes écritures,
Homme, vieux papyrus illisible et muet,
Qui te fera revivre et saura t'abluer ?
L'hiéroglyphe obscur et que nul ne peut lire,
En est-il moins l'histoire ou quelque accord de lyre ?
Car même après la mort, même après le Léthé,
Ce qui fut ne peut pas n'avoir jamais été,
Et ce qui doit venir, peut-il ne jamais être ?

Pourtant, autour de nous, tout dit « mourir et naître ! »
L'immobile serait la vie, et, trou béant,
C'est tout ce qui se meut qui serait le néant !
La pierre existerait, tandis que les insectes,
Les fauves rugissants, l'homme, toutes nos sectes,
Les cerveaux enfiévrés et les cœurs palpitants
Seraient le vide affreux de l'espace et du temps !...

L'âme, est-ce la pensée, ou bien est-ce le moule ?
Est-ce le lit qui reste, ou bien l'onde qui coule ?
Est-ce la glèbe inerte ou le printemps qui fuit ?
Est-ce le jour qui passe ou l'éternelle nuit ?

Ouvrez ce livre ainsi que l'on ouvre une tombe
Que la ronce dévore et sur qui l'oubli tombe ;
Remuez les vieux os des sentiments enfuis ;
Vous saurez qui je fus, sans savoir qui je suis !

Table des Matières

Les Lassitudes

BIBLIOTHÈQUE

Artistique et Littéraire

31, Rue Bonaparte, PARIS

COLLECTION D'ART

Editée sous le patronage de « *La Plume* »

~~~~~~~~

ŒUVRES DÉJA PARUES :

1. — **Dédicaces,** poésies, par Paul Verlaine, (portrait de l'auteur dessiné par F.-A. Cazals et gravé par Maurice Baud) tirage à 350 exemplaires numérotés : 50 ex. à 20 fr. ; 50 à 5 fr. ; et 250 à 3 fr.. (*épuisé*).

2. — **A Winter night's dream** (*Le Songe d'une Nuit d'Hiver*) poème lunatique, par Gaston et Jules Couturat, de l'Ecole funambulesque (portrait des auteurs par Raymond Lotthé), tirage à 250 exemplaires numérotés : 25 ex. sur grand Japon à 20 fr. ; 25 sur papier à la forme à 5 fr. et 200 à 3 fr.   (*épuisé*).

3. — **Albert,** roman, par Louis Dumur, (portrait de l'auteur gravé en phototypie), tirage à 500 exemplaires numérotés: 25 ex. sur grand Japon à 20 fr. et 475 sur simili-Japon à.......................... 3 fr. »

4. — **Les Cornes du Faune,** poésies, par Ernest Raynaud, (portrait de l'auteur gravé en phototypie), tirage à 162 exemplaires numérotés : 12 ex. sur grand Japon à 20 fr. et 150 sur simili-hollande à............. 3 fr. »

5. — **Le Fi Bâlouët**, études de mœurs paysannes, par Jacques Renaud, (portrait par L. de St-Étienne) tirage à 212 exemplaires numérotés : 12 ex. sur grand Japon à 20 fr. et 200 ex. sur simili-Japon à....   3 fr.   »

6. — **Les Tourmentes**, poésies, par Fernand Clerget, (portrait de l'auteur par Raymond Lotthé) tirage à 162 exemplaires numérotés : 20 ex. sur grand Japon à 20 fr. et 150 sur simili-hollande à..................   3 fr.   »

7. — **Thulé des Brumes**, légende moderne, par Adolphe Retté, (portrait de l'auteur gravé à l'eau-forte par H.-E. Meyer) tirage à 312 exemplaires numérotés : 12 ex. sur grand Japon à 20 fr. et 300 ex. sur simili-Japon à...........................   3 fr.   »

8. — **Quand les Violons sont partis**, poésies, par Edouard Dubus, (portrait de l'auteur par Maurice Baud), tirage à 162 exemplaires numérotés : 12 ex. sur grand Japon à 20 fr. et 150 ex. sur simili-hollande à.............................   3 fr.   »

9. — **La Vie sans lutte**, nouvelles, par Jean Jullien, (portrait de l'auteur par Maximilien Luce) tirage à 262 exemplaires numérotés : 12 sur grand Japon à 20 fr. avec double portrait par Luce), et 250 ex. sur simili-japon à..................   3 fr.   »

10. — **La Passante**, roman d'une âme, par Adrien Remacle, (frontispice à l'eau-forte par Odilon Redon),tirage à 420 exemplaires numérotés : 20 sur grand Japon à 20 fr. et 400 ex. sur simili-hollande à.........   3 fr.   »

11. — **L'Altière Confession**, proses, par William Vogt, (portrait de l'auteur gravé à la pointe sèche par Marcelin Desboutin) tirage à 262 exemplaires numérotés : 12 sur grand Japon à 20 fr. et 250 sur simili-japon à.. 3 fr.   »

12. — **Les Baisers morts**, poésies, par Paul Vérola, (frontispice à l'eau-forte par Félicien Rops), tirage à 262 ex. numérotés : 12 ex. sur Japon (avec double état du frontispice) à 20 fr. et 250 ex, simili-hollande à............................... 3 fr.   »

Ces éditions ne seront jamais réimprimées

ACHEVÉ D'IMPRIMER

Le 1er mars 1893, à Annonay (Ardèche)

PAR JOSEPH ROYER

www.ingramcontent.com/pod-product-compliance
Lightning Source LLC
Chambersburg PA
CBHW051722090426
42738CB00010B/2029